La Familia de Federico Rico
Student Workbook

La familia de Federico Rico
by Spanish Cuentos

Activities to build proficiency
Interpretive, Interpersonal and Presentational

Estudiantes,
Can you find all the chupacabras?
Son 30 chupacabras en total
¡Buena suerte! Good luck!

Bonus: ANY Illustrations are coloring pages!

Quick Grammar Guide

Spanish	English Meaning & Explanation	Examples
de	____'s (most examples in this book) of, from	el pez de Federico Federico's fish
está	is feeling is located	Federico está furioso. Federico es feeling furious
no	No, don´t, not, doesn´t	no quiere doesn´t want ¡No hay problema! No problem!
tú	you	¿Tienes tú una mascota? Do you have a pet? Verbs (actions) use "-s" at the end of the word to match "tú"

Vocabulario – La Familia

reside en – lives in
busca y captura – looks for and captures
¿Dónde está? – Where is?
tiene pacientes – has patients
habla por teléfono – talks on the phone
causa muchos problemas – causes a lot of problems
fuerte y rápida – strong and fast
está muerto – is dead

The sentences below are false. Rewrite the sentence to make it true!

La familia de Federico es una familia millonaria.

La abuela reside sola en Nueva York, Estados Unidos.

La mamá de Federico es una criminal.

El papá de Federico siempre captura pacientes muy interesantes.

La abuela de Federico huele mal y siempre gana.

Fill in the blank.

1. La mamá siempre _____ criminales.
2. Mi cabeza es muy _____ para un casco.
3. El papá de Federico _____ un doctor.
4. La hermana siempre _____ por teléfono.

casco: helmet

Look at each illustration and read the sentences. Circle the sentence that best describes the illustration.

A. El abuelo de Federico está muerto.
B. El abuelo de Federico busca criminales.
C. El abuelo de Federico se llama Salvador Dalí.

A. El papá de Federico está muy feliz.
B. El papá de Federico es un doctor.
C. El paciente del papá es totalmente normal.

A. La mamá de Federico tiene pacientes interesantes.
B. El criminal reside en la prisión.
C. La mamá de Federico es policía.

A. La abuela de Federico es muy atlética y fuerte.
B. El abuelo de Federico huele mal.
C. La abuela dice –¡Olé! Olé!

A. El bebé siempre habla por teléfono.
B. La hermana siempre habla por teléfono.
C. La hermana siempre gana.

3

Describe each family member in Spanish to someone next to you.

Write a description in Spanish of three family members:

_____

_____

_____

_____

Vocabulario
La competencia de fútbol

está nervioso : is feeling nervous
hay un muchacho nuevo : there is a new boy
la escuela : the school
se llama : his/her name is
son muy grandes : they are very big
está contento : is feeling content
la abuela : the grandma
quiere ganar : wants to win
se ríen : they laugh
roba la pelota : steals the ball

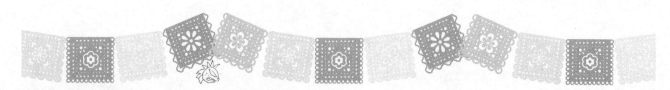

Circle the correct answer.

1. Hoy es lunes, Federico está nervioso porque
    a. tiene una competencia de fútbol
    b. se llama Pedro
    c. no es atlético

2. Hay un muchacho nuevo en la escuela, Federico está:
    a. frustrado
    b. fuerte
    c. nervioso

3. El muchacho nuevo se llama
    a. Pedro Toro
    b. Abuela
    c. Lionel Messi

4. Pedro Toro siempre causa
    a. problemas
    b. emociones
    c. sorpresas

5. Federico no está contento pero, una voz dice:
    a. ¡GOL!
    b. ¡No hay problema!
    c. ¡Dame besos!

6. La abuela de Federico quiere
    a. jugar y quiere ganar
    b. se ríe
    c. es grande, fuerte y cruel

Write the letter of the picture under the illustration that matches.

A. Los amigos de Pedro Toro son muy grandes, fuertes y crueles.

B. Pedro Toro violentamente roba la pelota.

C. Los amigos de Pedro Toro se ríen.

D. Federico está sorprendido.

E. La abuela roba la pelota de Pedro.

F. ¡Ay caray! La pelota rompe la red.

Listen to the story aloud and point the pictures you hear. Then, write as much of the story as you can remember! Use the vocabulary list.

Retell the story to someone next to you:

Bonus: Write a key word or short phrase under each illustration.

Vocabulario – el martes 13

salen y van a : they leave and go to
no quiere cuidar: doesn't want to take care of
hace pipi : s/he pees
no le gusta : s/he doesn't like
escribe : writes
rompe : breaks
pone : puts
no ve : doesn't see
persigue : follows
se ríe : laughs
Necesito dos horas : I need two hours
baño de las mujeres : women's bathroom
agarra : grabs
corre : runs

Draw the following silly scenes:

A Federico no le gusta cuidar al chupacabra

La abuela causa muchos problemas

El carro es muy pequeño

El mecánico tiene una cabeza enorme

Federico persigue a un elefante.

¡Ay no! El bebé roba la cabeza del papá.

Federico busca la cabeza del papá.

La abuela y el chupacabra salen y van a una fiesta.

The sentences below are false. Rewrite the sentence to make it true!

Hoy es martes quince (15).

_____

La mamá y el papá salen y van a un concierto.

_____

El bebé escribe con pipí en la cabeza de Federico.

_____

A Federico le gusta mucho cuidar al bebé.

_____

El bebé escribe en el sofá y rompe la motocicleta de papá.

_____

El bebé roba la planta de papá. Federico está muerto.

_____

Fill in the blank.

1. Federico _____ al bebé con su bicicleta.
2. El carro ____ _____ con un árbol.
3. El bebé ____ _____ pero Federico no está contento.
4. Federico _____ a un mecánico.

Answer the questions in Spanish:

¿Adónde van los padres de Federico?

La mamá dice –¡Cuida al bebé! - ¿Cómo está Federico?

¿Por qué a Federico no le gusta cuidar al bebé?

¿Qué hace el bebé en la casa?

Federico no ve al bebé. Busca y busca....¿Dónde está el bebé?

¡El carro se choca con un árbol. ¿Llora el bebé?

¿Cuánto tiempo necesita el mecánico para reparar al carro?

Your teacher will describe a silly scene to you. Write what you hear.

_____
_____
_____
_____
_____
_____
_____

Illustrate the silly scene below using as many details as possible.

15

Vocabulario - El chupacabra

tiene mascotas : has pets
tiene una idea : has an idea
peligrosa : dangerous
dicen : they say
la voz de la abuela : grandma's voice
un pez : a fish

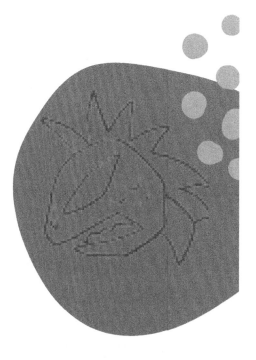

Mi mascota: My Pet

Javi has interesting and exotic pets. Which one of these pets would you like to have? Use the check list to give each mascota points. +1 or +2 for things you like. -1 or -2 for negative aspects

La Mascota	Una serpiente	Una Araña	Un chupacabra	Un pez
Es enorme				
Es pequeño				
Es interesante				
Es exótico				
Es Aburrido				
Es peligroso				
Es real				
No es real				
Lo que come (what it eats)				
Puntos total				

Circle the correct answer.

a. Yo quiero una mascota peligrosa.
b. Yo quiero un carro rápido.
c. Yo quiero una mascota normal.

a. Federico dice: ¡Quiero un chupacabra!
b. El papá dice que un chupacabra es una buena idea.
c. Federico no quiere un chupacabra porque es peligroso.

a. La abuela es un chupacabra.
b. Federico quiere un pez. Los peces son peligrosos.
c. Federico no quiere un pez. Un pez es muy aburrido.

a. Federico le da un pez a su abuela.
b. La abuela le da un pez a Federico.
c. Un gato es la mascota perfecta.

a. Javi quiere dos mascotas: un gato y una serpiente.
b. Javi tiene dos mascotas: un araña y una serpiente.
c. Federico no quiere mascotas exóticas.

Point to what you hear described.

Fill in the blank.

1. Federico _____ una mascota exótica.
2. Javi tiene una araña _____ y una serpiente_____
3. Federico no quiere una mascota _____
4. La abuela dice: "un pez es la mascota _____"

Write a quote for each picture. Use the word bank to help!

Opciones:

¡Quiero un gorila!

Un pez es la mascota perfecta

Yo tengo una araña y una serpiente.

Yo quiero una araña peligrosa

¡No! Una serpiente es peligrosa

Gracias por el pez, abuela

Conversación entre 2 personas "Chupacabra"

Fold this paper in half (Or cover one side). Only look at "Persona A" or "Persona B". Your partner is the opposite. Can you match with questions and answers?

A

- Hola, ¿Qué mascota es? Es muy grande
- Mamá, Papá...Yo quiero una chupacabra!
- Necesitas una mascota NO peligrosa
- ¿Cómo se llama la criatura mítica que ataca a los animales?

B

- Un pez es la mascota perfecta
- Mi mascota es una serpiente enorme. Es una mascota exótica
- ¡El chupacabra! Es una leyenda común en América Latina
- ¡Federico, un chupacabra no es real!

Vocabulario – No quiere un pez

va al parque : goes to the park
hay un lago : there is a lake
hola amigo : hello, friend
me gusta : I like
come : s/he eats
se rompe : it breaks
entra: enters
¡Quiero un perro! : I want a dog

Listen to your teacher, point to the illustration you hear.

Finish these descriptions. Match the phrase to the picture above.

1. Federico está nervioso. ¡Es el _____!
2. El pez de Federico está _____.
3. Federico _____.
4. Federico _____ parque con el pez.
5. En el parque, hay un lago. ¡Federico _____ el pez al agua!
6. El pez de Federico dice "Hola amigo, _____ tu pirsin."
7. El pez del lago _____.
8. ¡El pez del lago _____ el pez de Federico!

24

Circle the correct answer:

Federico no quiere una mascota normal:
a. Una mascota normal es aburrida.
b. Federico quiere un gato.
c. Federico quiere una mascota miniatura.

Federico va al parque:
a. con Javi, su amigo.
b. con el pez.
c. y ve una araña.

¡Ay caray!
a. Federico tira el pez al agua.
b. Federico nada en el agua.
c. Federico tira a la abuela al agua.

De repente, Federico ve dos ojos grandes:
a. Federico está contento. ¿Es un perro?
b. Federico está nervioso. ¡Es el Chupacabra!
c. Federico llama por teléfono a la policía.

De repente, Federico ve dos ojos grandes:
a. Federico está contento. ¿Es un bebé?
b. Federico está nervioso. ¿Es un elefante?
c. ¡Es el Chupacabra! El acuario se rompe.

The sentences below are false. Change each sentence to make it true.

1. Federico quiere una mascota normal.
----

2. Un pez es una mascota muy interesante y exótica.
----

3. Federico va a la casa con el pez.
----

4. En el parque hay un baño público.
----

5. El pez de Federico ve un dinosaurio en el lago.

Describe each illustration with one or two sentences.

Vocabulario
La fiesta de cumpleaños

es : it is
hay música : there is music
juegos : games
le pega : s/he hits
grita : screams
los amigos : the friends
tienen 7 vidas : they have 7 lives
de repente : suddenly

Illustrate the highlights from "La fiesta de cumpleaños"

En la fiesta de Federico, hay música, juegos y muchos niños.	Federico le pega en la cabeza a Javi. El papá grita: ¡Para! ¡Para!
Federico quiere muchos presentes, videojuegos y un pastel de chocolate enorme.	El papá le ofrece un libro. No tiene audio, no tiene baterías, no tiene Wifi.
Federico recibe un presente enorme: ¡Es un perro!	El perro tiene un bigote enorme. Se llama Dalí.

Write the emotion Federico is feeling:

- está muy contento
- está aburrido
- está nervioso
- no está contento
- está furioso
- está frustrado

Put the following sentences in chronological order:

_____ Es la fiesta de cumpleaños de Federico: hay música, juegos y muchos niños.

_____ Federico está muy contento.

_____ Federico no le pega a la piñata. Le pega a Carlos en la cabeza.

_____ El perro tiene un bigote enorme. Se llama Dalí.

_____ Federico recibe un presente: ¡Es un perro!

_____ El papá le ofrece un libro. El libro se llama "Los gatos tienen 7 vidas".

_____ El papá grita: ¡Para! ¡Para!

_____ Federico ve la piñata y está muy contento.

Point at the picture being described:

Look at the first and last illustrations. Complete the story with some original illustrations. Tell a classmate your story! Use the vocab lists on each chapter for help!

Write the story you just illustrated. Use as many unique sentences as possible!

el fin

Write 3-4 sentences describing the pictures. Try to use a variety of words.

Write the missing comments for each conversation. Bonus: Add other vocab you know!

- El agua del inodoro es deliciosa.
- ¡Ay no! ¿Dónde está el bebé?
- No me gusta mi nueva cabeza.
- Tengo pacientes muy interesantes.

Vocabulario - Dalí

van al parque : they go to the park
huele mal : smells bad
¡Qué vergüenza! : How embarrassing!
huele bien : it smells good
toma agua : drinks water
la basura : the trash
come : s/he eats

Conversación entre 2 personas "Dali"

Fold this paper in half (Or cover one side). Only look at "Persona A" or "Persona B". Your partner is the opposite. Match the questions and answers. Persona A is Federico. Persona B is a mystery character! Can you figure them out?

A   B

A: Dalí, ¡vamos al parque! Hay otros perros

B: No, Federico. La basura huele fantástico. ¡Delicioso!

A: ¡Perdón, Señora! Mi perro huele la cola de su perro. ¡Terrible!

B: ¡Fantástico! Voy a escapar en el parque.

A: ¡No comas la basura! Huele horrible.

B: Federico, ¡Tu perro es horrible! ¡Qué asco!

A: ¡JA JA! Dalí te lame la cara. Y mi hermana ya no quiere tus besos

B: ¡Qué vergüenza! No estoy contenta, Federico.

te lame: s/he licks your

38

Conversación entre 2 personas

Without looking, can you fill in the missing parts of the conversation you just had?
Here is the reveal of the mystery characters!

A

Dalí, ¡vamos al _____ ! Hay otros perros

¡Perdón, Señora! Mi perro _____ la cola de su perro. ¡Terrible!

Dalí, ¡No _____ la basura! Huele horrible.

¡JAJA! Dalí te lame la cara, Federico. Y mi hermana ya no _____ tus besos

B

No, Federico. La basura huele _____. ¡Delicioso!

¡Fantástico! Voy a _____ en el parque.

Federico, ¡Tu _____ es horrible! ¡Qué asco!

¡Qué vergüenza! No estoy _____, Federico.

Look at each illustration and read the sentences. Circle the sentence that best describes the illustration.

A. Dalí le huele la cola al otro perro.
B. Dalí ve una pelota.
C. Dalí escapa y ve a Federico.

A. Dalí escapa de Federico porque es rápido.
B. Dalí ve la basura y está muy contento.
C. Dalí entra al baño público.

A. Federico llora y no está contento.
B. Federico escapa de Dalí.
C. Federico se ríe.

A. Pedro Toro está con la hermana de Federico.
B. Pedro Toro huele mal.
C. Pedro Toro dice-¡Olé! Olé!

A. La hermana le lame la cara a Pedro Toro.
B. Dalí salta y le lame la cara a Pedro Toro.
C. Federico le lame la cara a su hermana.

le lame: s/he licks

The sentences below are false. Change each sentence to make it true.

1. Federico y Dalí van al restaurante.

   _____

2. Dalí come pizza.

   _____

3. ¡Qué problema! ¡Dalí grita "¡PARA!"

   _____

4. Dalí ve un elefante.

   _____

5. Dalí vomita agua del inodoro. ¡Qué asco!

   _____

6. Dalí come basura y Federico está contento.

   _____

7. Dalí ataca la basura.

   _____

8. La basura huele muy bien.

   _____

Respond to the questions in the most complete Spanish you can! Tú: you / Para ti : For you / quieres: do you want

¿Quieres tener una mascota?

¿Tienes tú una mascota?

¿Cuál animal sería (would be) una mascota perfecta para ti?

¿Te gusta ir al parque?

¿Hay un parque cerca a (close to) tu casa o tu escuela?

¿Prefieres tú una mascota peligrosa o una mascota normal? ¿Por qué?

Colorea el papel picado

Vocabulario – El criminal

siempre captura : always captures
tiene la cabeza enorme : has an enormous head
es muy peligroso : it's very dangerous
llama por teléfono : calls on the phone
no quiere buscar : doesn't want to look for
es muy pequeña : it is very small
no puede escapar : can not escape
piensa que es : thinks that it is
en la ciudad : in the city
pone : puts
¡Ay caray! : Oh no!
llora : cries

Draw the following silly scenes:

La mamá siempre captura dinosaurios.

Dalí piensa que la basura es deliciosa.

El sofá es muy pequeño.

La abuela tiene una cabeza enorme

El perro llama a la hermana por teléfono.

El mecánico pone el carro en el agua.

¡Ay caray! El chupacabra llora

El hermanito bebé no puede escapar del baño público.

Answer the following questions in Spanish.

¿Qué día es?

¿Qué hace la mamá de Federico?

¿Dónde está el criminal?

¿Cómo es el criminal?

¿Adónde va el criminal para robar?

¿Qué quiere la mamá?

El criminal ve a una persona. ¿Quién es?

¿Qué roba el criminal en el parque?

Describe the illustrations with phrases from the box. Use complete sentences when you can!

> quiere capturar
> roba la bicicleta
> busca al criminal
> va a
> los bancos de la ciudad
> criminales peligrosos
> siempre captura
> la prisión
> está contento
> corre rápido
> la ropa interior
> el banco

¿Adónde irías? Where would you go?

Where would you go if you did the following actions?

A. Casi (almost) estás muerto
B. Causas muchos problemas peligrosos
C. Quieres jugar frisbi
D. Te ríes, bailas con música y abres presentes
E. Corres y juegas con amigos, ves muchos perros
F. Rompes la piñata
G. Rompes tu cabeza
H. Robas el banco y no escapas

A prisión

Al parque

A una fiesta de cumpleaños

Al hospital

Retell the following story to someone next to you.

Now write the story using as many words from the Vocabulary page as possible!

48

Vocabulario – El hospital

¿eh? – huh?
trabaja : s/he works
futbolista : soccer player
llega : arrives
cabeza : head
le pone : puts on him / her

Draw the person (or people) that best fits the description.

trabaja en el hospital

es un paciente muy interesante

juega fútbol y corre mucho

va al refrigerador y agarra una cabeza

tiene cabeza de hipopótamo. No está contento

Point at the picture that's being described

Circle the correct answer:

1. El papá de Federico trabaja en
    a. un hospital
    b. una escuela
    c. una prisión
    d. un parque

2. El doctor tiene pacientes
    a. muy frustrados
    b. muy interesantes
    c. un poco peligrosos

3. La ambulancia
    a. llega al hospital
    b. llama la policia
    c. tiene insectos

4. El paciente no tiene
    a. cabeza
    b. amigos
    c. bicicleta

5. En el refrigerador, hay
    a. un sofá
    b. muchas cabezas
    c. tres bebés

6. El papá de Federico le pone una
    a. cabeza de hipopótamo
    b. cabeza de chupacabra
    c. inyección en la cola

Antes y Después

Complete the chart with what happens <u>before</u> or <u>after</u> based on the events in the book. Write in Spanish

Antes	Después
El papá de Federico trabaja en el hospital porque es doctor.	El papá tiene pacientes muy interesantes.
El doctor examina al paciente. El paciente es futbolista.	
	El papá de Federico va al refrigerador. Hay muchas cabezas.

53

Write an original story with three or four sentences describing the picture below:
- Introduce your character
- Create a problem
- Try to solve the problem
- Find a solution!

el tiburón: shark

Draw your story

el fin

Vocabulario – Días después

un día : one day
con mucho volumen : really loud volume
le gusta mucho : s/he really likes
juega videojuegos : plays videogames
no puede leer : he cannot read
no escucha : doesn't listen
están muy cansados : they are very tired
necesito : I need
taza : cup

Illustrate the comic strip. Draw all the details in the description!

En la casa hay música Rock and Roll con mucho volumen

El bebé llora y Federico juega videojuegos. El papá no está contento

El papá dice: Federico, es un día precioso. ¡Juega afuera! Federico no escucha

Finalmente, Federico juega afuera. La mamá dice –¿Qué? y el papá dice "¿Eh?. Están frustrados

The sentences below are false. Change each sentence to make it true.

1. En el parque, hay música Rock and Roll.

2. La abuela dice: ¡Sí! ¡Sí! ¡Es mucho volumen!

3. A la abuela de Federico juega videojuegos mucho.

4. El bebé está frustrado y duerme.

5. La mamá y el papá están contentos y necesitan muchos perros.

Listen to the silly story your teacher tells. Draw the story here

Write as much of the story as you remember!

_____

_____

_____

_____

58

Vocabulario
El día de los muertos

está muerto : is dead

decora la tumba : decorates the tomb/grave

la guitarra del abuelo : grandpa's guitar

duerme : sleeps

comen y bailan : they eat and dance

le roba la pierna : steals his leg

¡Son fantasmas! : they are ghosts

Listen to the chapter "El día de los muertos". Point to the pictures and put it in order.

Circle the correct answer.

a. El esqueleto come la comida en el altar.
b. El perro ataca al esqueleto.
c. El esqueleto está furioso y toca la guitarra.

a. El perro dice -¡Deliciosa pierna!- y corre.
b. El perro llega y duerme con la pierna.
c. El esqueleto está contento.

a. La familia no está contenta y llora en el cementerio.
b. La familia decora la tumba del abuelo.
c. La abuela juega fútbol en el cementerio.

a. La familia duerme.
b. El bebé duerme y baila.
c. La mamá y el papá preparan el altar.

a. Toda la familia de Federico está muerta.
b. El abuelo está muerto, la tumba está decorada.
c. El abuelo duerme y tiene cabeza enorme.

Decora el altar con flores, velas, comida y tus objetos favoritos.

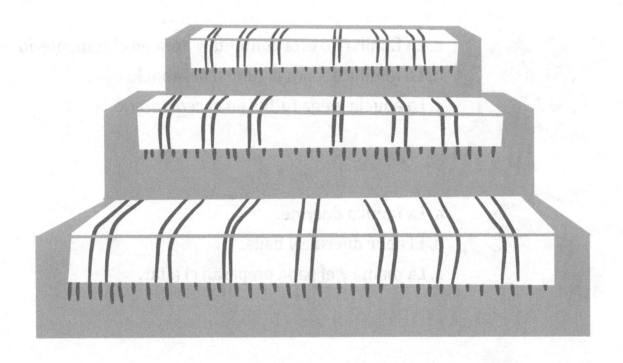

Velas: Candles

Flores: Flowers

Look at the first picture and create an original illustrated story in Spanish. Use the words: llega, roba, bicicleta and esqueleto. Bonus: add 3 other vocabulary words from this novel.

Tell a classmate your story! Use the vocab lists on each chapter for help!

Vocabulario – Un mes después

porque está nevando : because it is snowing
la ropa para la nieve : snow clothes
hace mucho frío : it´s very cold
sale : s/he goes out
llega : s/he arrives
se cae : falls down
se ríe : laughs
un luchador muy grande : a very large wrestler

Listen to your teacher read the following sentences. Find them and illustrate them.

El esqueleto se cae.	El perro llega y hace pipí en la nieve.
La abuela sale y ve un luchador.	La hermana llora porque está nevando.
Hace mucho frío en Arizona	Pedro Toro se ríe y Federico llora.

Write the sentences you hear your teacher say. Write it under the picture that matches.

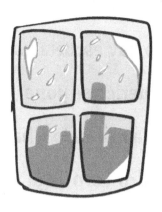

_____

_____

_____

_____

_____

_____

_____

_____

67

Fill in the blank.

1. No hay escuela porque _____
2. Federico se pone _____
3. Está nevando y hace _____
4. Pedro Toro llega y _____
5. Un luchador _____
6. Dalí hace _____

Match the Spanish vocabulary with the correct English translation

1. está nevando   Laughs
2. la ropa para la nieve   It's very cold
3. hace mucho frío   A very large wrestler
4. sale   Snow clothes
5. llega   S/he goes out
6. se cae   Falls down
7. se ríe   S/he arrives
8. un luchador muy grande   It is snowing

Write the story in Spanish and include at least 3 of these expressions:

llega   hace un muñeco de nieve   está nevando
se cae   está nervioso   hace pipí

Read the sentences with a partner. What does each phrase mean?

No hay escuela _____

Se pone la ropa _____

Hace mucho frío _____

Hace un muñeco de nieve _____

Es un luchador fuerte _____

Se ríe y está nervioso _____

El perro llega _____

Se cae _____

Está contento _____

Pick one of the sentences above and act it out. Can your partner guess it?

Look at the first and last picture. Illustrate the story with original pictures. Tell your story to a friend!

Look at the first and last picture. Illustrate the story with original pictures. Tell your story to a friend.

Vocabulario – Siempre unidos

siempre están unidos : they are always united
tienen problemas : they have problems
un poco loca : a little bit crazy

Listen to your teacher say sentences about La familia Rico using vocabulary from the last two chapters. Draw what you hear!

Match these 5 sentences to the family member they are describing. Write their name on the line

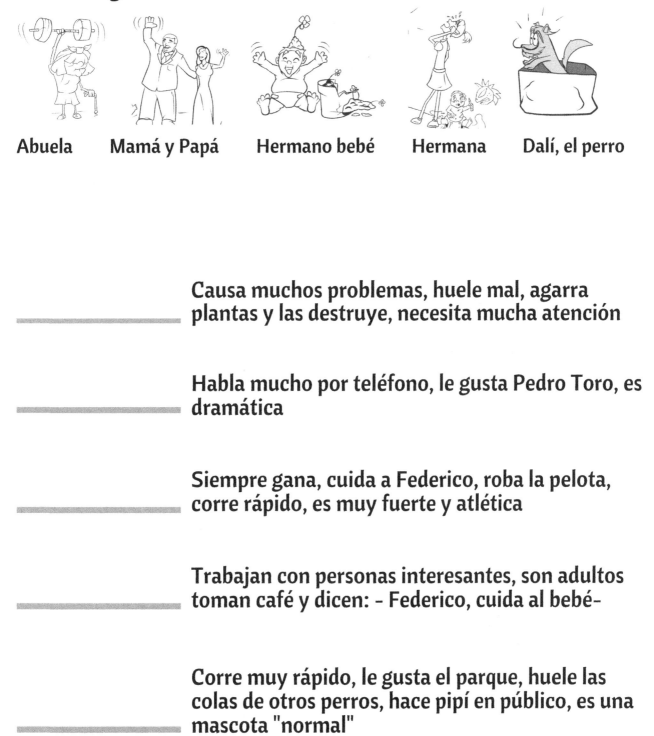

Abuela	Mamá y Papá	Hermano bebé	Hermana	Dalí, el perro

_____ Causa muchos problemas, huele mal, agarra plantas y las destruye, necesita mucha atención

_____ Habla mucho por teléfono, le gusta Pedro Toro, es dramática

_____ Siempre gana, cuida a Federico, roba la pelota, corre rápido, es muy fuerte y atlética

_____ Trabajan con personas interesantes, son adultos toman café y dicen: - Federico, cuida al bebé-

_____ Corre muy rápido, le gusta el parque, huele las colas de otros perros, hace pipí en público, es una mascota "normal"

Answer the questions in Spanish:

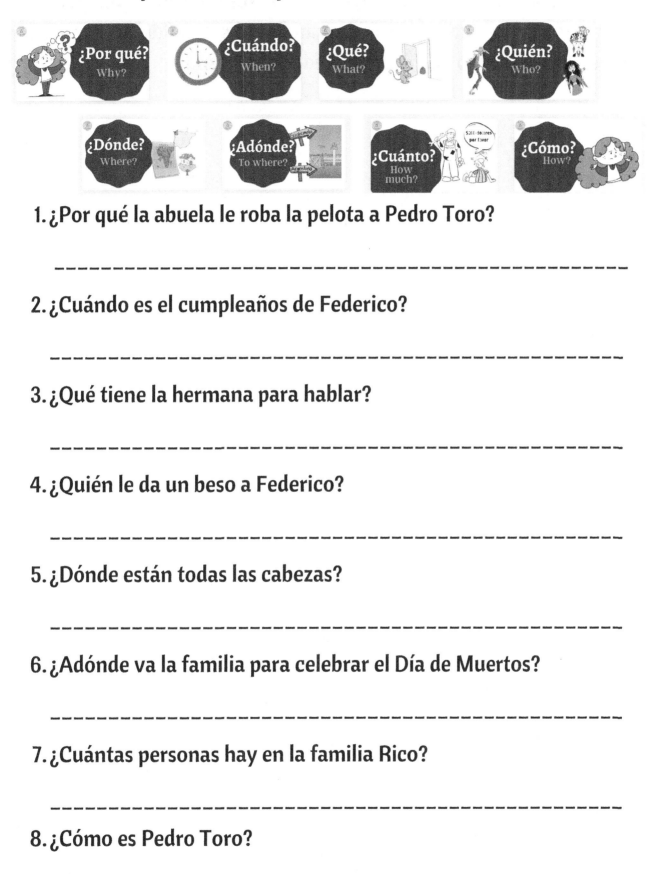

1. ¿Por qué la abuela le roba la pelota a Pedro Toro?

   _____

2. ¿Cuándo es el cumpleaños de Federico?

   _____

3. ¿Qué tiene la hermana para hablar?

   _____

4. ¿Quién le da un beso a Federico?

   _____

5. ¿Dónde están todas las cabezas?

   _____

6. ¿Adónde va la familia para celebrar el Día de Muertos?

   _____

7. ¿Cuántas personas hay en la familia Rico?

   _____

8. ¿Cómo es Pedro Toro?

   _____

Describe the characters and relationships from the book. Include their personality, actions, problems and quirks. Use "de" to express possession (el amigo de Federico: Federico's friend)

Describe the characters and relationships from the book. Include their personality, actions, problems and quirks. Use "de" to express possession (el amigo de Federico: Federico's friend)

Describe the characters and relationships from the book. Include their personality, actions, problems and quirks. Use "de" to express possession (el amigo de Federico: Federico's friend)

"Mi librito" : A Mini Book Project

You are going to make a mini-book written in Spanish and illustrated by you. Include 6-7 sentences and an illustration for each sentence.

Tópicos Posibles
Mi mascota favorita
Mi familia - Descripciones
Retell a scene
A birthday party story
A curious pet
Día de los Muertos
Describe a sport
Create your own story

☐ Use the checkboxes for step - by -step bookmaking

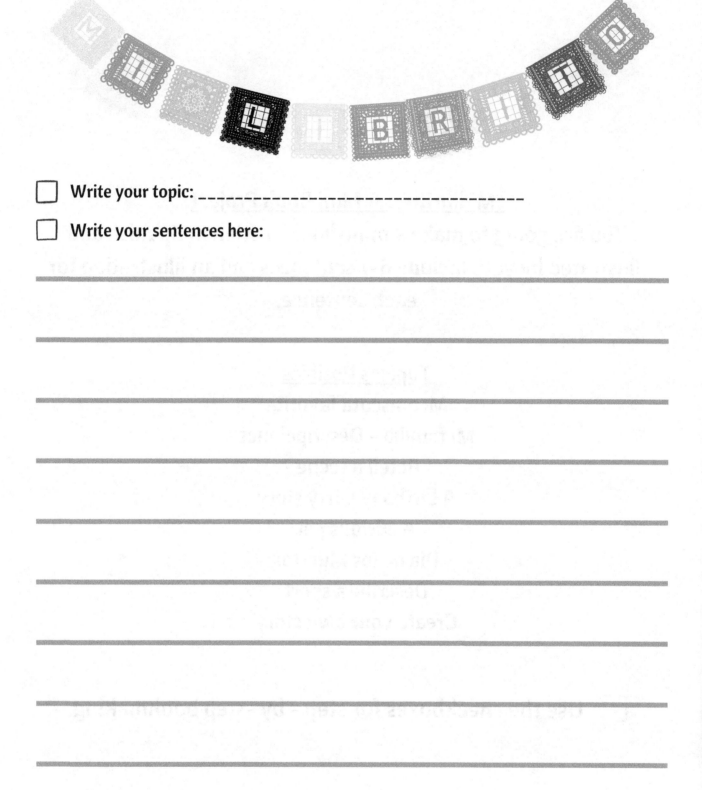

- [ ] **Write your topic:** _____
- [ ] **Write your sentences here:**

☐ Get feedback from your teacher about your sentences

☐ Fold your book

Folding a Mini Book
1. Get a full sheet of paper
2. Fold in half Hamburger Style
3. Fold again Hamburger Style
4. Hold the spine in your hand
5. Cut the the top fold so you can open each page
    If your book fell apart: ¡No hay problema! Tape or staple it!

☐ Create a Title Page: Title, your name, simple picture

☐ Write one sentence per page

☐ Illustrate in color

☐ Write "El Fin" at the end

Sudoku 4x4

There are 4 rows and 4 columns. Each row and column contains 4 phrases. Each sub grid 2x2 will have the 4 phrases once.

está frustrado	quiere		
	ve		
		le da besos	
		quiere	está frustrado

			mamá
	papá	bebé	abuelo
	abuelo	papá	

perro	criminal		
	policia	perro	
criminal			policia
		criminal	perro

		la piñata	
	el inodoro	la piñata	
la basura			
		el inodoro	baño público

Sudoku – Answers

está frustrado	quiere	ve	le da besos
le da besos	ve	está frustrado	quiere
quiere	está frustrado	le da besos	ve
ve	le da besos	quiere	está frustrado

abuelo	bebé	mamá	papá
papá	mamá	bebé	abuelo
mamá	abuelo	papá	bebé
bebé	papá	abuelo	mamá

perro	criminal	policia	doctor
doctor	policia	perro	criminal
criminal	perro	doctor	policia
policia	doctor	criminal	perro

baño público	la basura	la piñata	el inodoro
el inodoro	la piñata	baño público	la basura
la basura	baño público	el inodoro	la piñata
la piñata	el inodoro	la basura	baño público

Made in the USA
Monee, IL
11 August 2025

22059275R00052